Альфа курс конспект

Москва
Централизованная организация христиан веры евангельской «Харизма»
2010

УДК
ББК

The Alpha Manual is based on Alpha. Questions of Life by Nicky Gumbel.
Alpha International, Holy Trinity Brompton,
Brompton Road, London SW7 1JA, UK
First published 1993

Альфа курс конспект . Никки Гамбл
(перевод с англ.М.Н.Савельева) -М.:Централизованная организация
христиан веры евангельской «Харизма», служение *Альфа* курс»
107564, г.Москва, ул.Краснобогатырская д.38, стр.2,
тел. (495)-963-35-11,
e-mail:alphamoscow@gmail.com
www.alphacourse.ru
2010.-72 с.
ISBN 978-5-904512-04-0

«*Альфа* курс конспект» - в нем отражены все темы «*Альфа* курса» и тщательно
подобраны места Писания, чтобы участники имели возможность в течении недели
изучать темы самостоятельно и находить ответы на интересующие вопросы.

Содержание

Вводная тема.
(на праздничном Альфа обеде)

Христианство: Скучно? Ложно? Неважно?

Узколобое, осуждающее, давящее, контролирующее?

Вступление

– Возражения

– Неправильные представления

Какое отношение христианство имеет к сегодняшней жизни?

I. Выход для погибающего мира

Голод в поисках смысла жизни

Список основных вопросов жизни

– откуда я взялся?

– в чем смысл жизни?

– куда я иду?

Иисус: «Я есть путь»

II. Реальность в заблуждающемся мире

Имеет ли значение во что мы верим?

Для заметок

_____
_____
_____
_____
_____
_____
_____
_____
_____

Иисус сказал: «Я есть путь, истина и жизнь» (Иоанн 14:6)

Для заметок

_____
_____
_____
_____
_____
_____
_____
_____
_____
_____
_____
_____
_____
_____
_____
_____
_____
_____
_____
_____
_____
_____
_____
_____
_____

Истина – как что-то, что мы понимаем

Истина – как что-то переживаемое на собственном опыте

Иисус: «Я есть истина»

III. Жизнь в темном мире

Сотворены по образу Божьему

Совершили грехопадение

Прощены во Христе

Иисус: « Я есть жизнь»

Заключение

– не скучно; позволяет жить полноценной жизнью
– не ложно; оно является истиной
– не неважно; преобразует всю нашу жизнь

Рекомендуемая литература
«Почему Иисус?»,
«Почему Рождество?»
Н. Гамбл

Тема 1.
Кто такой Иисус?

Вступление

1) Он существовал

   Свидетельства вне Нового Завета:

   – Корнелий Тацит, Гай Светоний и др. римские историки

   – Иосиф Флавий, еврейский историк

   Свидетельства Нового завета Ф.Ф. Брюс

> Вопрос: Как мы можем быть уверены в том, что первоначальный текст не был изменен?

ПРОИЗВЕДЕНИЕ	КОГДА НАПИСАНО	САМЫЙ РАННИЙ СПИСОК	РАЗНИЦА ВО ВРЕМЕНИ	КОЛИЧЕСТВО СПИСКОВ
Геродот	488-428 до н.э.	900 н.э.	1 300 лет	8
Фукидид	460-100 до н.э.	900 н.э.	1 300 лет	8
Тацит	100 н.э.	1100 н.э.	1 000 лет	20
Цезарь «Война с галлами»	58-50 до н.э.	900 н.э.	950 лет	9-10
Ливин «История Рима»	59 до н.э. -17 н.э.	900 н.э.	900 лет	20
Новый Завет	40-100 н.э.	130 (350 н.э. полная рукопись)	30-310 лет	5000 на греческом 1000 на латыни 9300 на других

Для заметок

2) Он полностью был человеком

♦ Тело человека
уставал (Иоанн 4:6)
был голоден (Матфей 4:2)

♦ Эмоции человека
гнев (Марк 11:15-17)
любовь (Марк 10:21)
печаль (Иоанн 11:32-36)

♦ Переживания человека
искушение (Марк 1:13)
обучение (Лука 2:46-52)
работа (Марк 6:3)
послушание (Лука 2:51)

Вопрос:
Был ли Он больше, чем просто человек?

Был ли Он больше, чем просто «великий человеческий / религиозный учитель»?
Матфей 16:13-17

Что Он говорил о Самом Себе?

1) Учение, в центре которого был Он Сам:

♦ Я есть
«Я есть хлеб жизни»
(Иоанн 6:35)
«Я есть свет миру»
(Иоанн 8:12)
«Я есть воскресение и

жизнь» (Иоанн 11:25,26)
*«Я есть путь, истина
и жизнь»* (Иоанн 14:6)

♦ *«Мое Царство»*
(Иоанн 18:36)

♦ *«Придите ко Мне»*
(Матфей 11:28-29)

♦ *«Следуйте за Мной»*
(Марк 1:17 и др.)

♦ Принимаете Меня -
принимаете Бога
(Матфей 10:40)

♦ *«Видевший Меня видел
Бога»* (Иоанн 14:9)

♦ Объявляет необходимым,
чтобы люди любили Его
больше, чем кого бы то
ни было (Матфей 10:37,
Лука 14:26)

2) Говорил, что имеет право:
 ♦ Прощать грехи
 (Марк 2:5)
 ♦ Судить мир (Матфей
 25:31, 32, 40, 45)

3) Провозглашает,что Он:
 ♦ Мессия (Марк 14:61-62)
 ♦ Сын Божий (Марк 14:61)
 ♦ Бог-Сын

Для заметок

_____
_____
_____
_____
_____
_____
_____
_____
_____
_____
_____
_____
_____
_____
_____
_____
_____
_____
_____
_____
_____
_____
_____
_____

Для заметок

«Если бы простой человек говорил то, что говорил Иисус, то Он не был бы великим учителем нравственности. Он был бы либо безумцем, как человек, называющий себя чайником, либо дьяволом из ада. Вы должны решить для себя: признать, что Этот Человек был и есть Сын Божий, либо счесть Его сумасшедшим, и тогда посадить Его под замок, как безумца; или возненавидеть и убить. Либо пасть к Его ногам и назвать Его Господом и Богом. Только откажитесь от снисходительного вздора насчет того, что Он — великий учитель человечества. Возможности думать так Он нам намеренно не оставил.»

К.С. Льюис

_____

_____

_____

_____

_____

_____

_____

_____

– «... прежде, нежели был Авраам, Я есмь»
(Иоанн 8:58)

– «Мой Господь и Мой Бог»
(Иоанн 20:28-29)

– «... делаешь Себя Богом»
(Иоанн 10:30-33)

II. Какие есть свидетельства, поддерживающие то, что Он сказал?

1) Его учение, например, Нагорная проповедь (Матфей 5-7)

2) Его дела (Иоанн 10:37-38)

3) Его характер

4) Исполнение Им пророчеств Ветхого Завета

5) Его победа над смертью

6) Свидетельство воскресения
   а) Его отсутствие в гробнице

Возможные теории:

«Я вижу! Он исцелил меня! Я вижу!

- Иисус не умирал
  (Иоанн 19:33,34)

- Ученики похитили тело

- Начальствующие
  похитили тело

- Грабители похитили тело
  (Иоанн 20:1-9)

б) Его присутствие с
учениками

♦ Галлюцинации?

♦ Число свидетелей

　　– более десяти случаев

　　– более 500 человек

　　– в течение шести
　　недель

♦ Природа явлений
　(Лука 24:36-43)

в) Немедленный результат

　Рождение и рост
　христианской церкви

Для заметок

г) Влияние в течение многих столетий

Опыт христиан в течение почти двух тысячелетий

Заключение

«Таким образом, мы сталкиваемся с пугающей альтернативой. Человек, о котором мы говорим, был (и является) именно тем, что Он сказал; или же сумасшедшим или чем-то хуже. Сейчас мне кажется очевидным, что Он не был ни безумцем, ни злодеем; и, следовательно, как бы ни странно, или ужасающе, или неправдоподобно это может казаться, я должен принять точку зрения, что Он был и есть Бог. Бог пришел в этот врагом захваченный мир в виде человека.»

К.С.Льюис

Рекомендуемая литература

«Просто Христианство»
К. Льюис

«Неоспоримые свидетельства»
Дж. МакДауэл

«Альфа. Вопросы жизни»
Н. Гамбл

Тема 2.
Зачем Иисус умер?

Вступление
Крест является центром
христианской веры
(1 Коринфянам 2:2)

> «Ибо так возлюбил Бог мир, что отдал Сына Своего
> Единородного, дабы всякий верующий в Него, не погиб,
> но имел жизнь вечную. »
>
> (Иоанна 3:16)

I. Главная проблема
«Все согрешили ...»

(Римлянам 3:23)

Результаты греха:

♦ Осквернение грехом
  (Марк 7:20-23)

♦ Сила греха
  (Иоанн 8:34)

♦ Возмездие за грех
  (Римлянам 6:23)

♦ Разделение между Богом
  и человеком (Исайя
  59:1-2)

Для заметок

_____

_____

_____

_____

_____

_____

_____

_____

_____

_____

_____

_____

_____

_____

_____

_____

_____

_____

_____

_____

_____

_____

_____

_____

_____

_____

II. Как решается проблема?

«Бог отдал себя за нас»
(1 Петра 2:24)

Джон Стотт
Агония креста

(Исайя 53:6)

III. Результат

(Римлянам 3:21-26)

4 образа:

♦ Храм
«Которого Бог предложил
в жертву умилостивления
в крови Его чрез веру»
(стих 25)
(Евреям 10:4)
(1 Иоанна 1:7)
Осквернение грехом
устранено

- ♦ Торговая площадь «Искупление во Христе Иисусе» (стих 24) (Иоанн 8:36) Сила греха разрушена

- ♦ Суд «Получая оправдание даром, по благодати Его» (стих 24) Возмездие за грех выплачено

- ♦ Дом

Примирение

«Бог был ...во Христе» (2 Коринфянам 5:19) Разделение, произведенное грехом, разрушено

Заключение

«Праведность от Бога» (Римлянам 3:22, Исайя 53:6) Он умер за тебя и меня (Галатам 2:20)

Рекомендуемая литература

«Просто Христианство» К. Льюис

«Не просто плотник» Дж. МакДауэл

«Основы Христианства» Дж. Стотт

«Иисус, которого я не знал» Ф. Янси

Для заметок

_____
_____
_____
_____
_____
_____
_____
_____
_____
_____
_____
_____
_____
_____
_____
_____
_____
_____
_____
_____
_____
_____
_____

Для заметок

_____
_____
_____
_____
_____
_____
_____
_____
_____
_____
_____
_____
_____
_____
_____
_____
_____
_____
_____
_____
_____
_____
_____

Тема 3.
Как я могу быть уверен в своей вере?

«Нельзя быть уверенным и в прогнозе погоды»

Вступление

«Когда кто-то становится христианином, он становится изнутри новым человеком. Он уже не прежний человек. Началась новая жизнь!»
(2 Коринфянам 5:17, Живая Библия)

Но переживания могут быть разными ... некоторые немедленно видят разницу ... для других все происходит постепенно
Когда мы приняли Христа, мы стали детьми Бога (Иоанн 1:12)

16   Как я могу быть уверен в своей вере?

(поверили + приняли)

Бог хочет, чтобы мы были уверены

«Сие написал я вам, верующим во имя Сына Божия, дабы вы знали, что вы, веруя в Сына Божия, имеете жизнь вечную» (1 Иоанна 5:13)

I. Слово Божье

Мы должны доверяться не нашим чувствам, которые изменчивы, а Божьим обетованиям. Посмотрите что говорит Библия:

«Я войду» (Откровение 3:20)

«Я с вами во все дни» (Матфей 28:20)

«Я даю им жизнь вечную» (Иоанн 10:28)

Вера – взять Божьи обетования и иметь дерзновение верить им

II. Сделанное Иисусом

Мы не можем заработать Божье прощение, но Иисус Христос умер на кресте для того, чтобы мы могли

Для заметок

_____
_____
_____
_____
_____
_____
_____
_____
_____
_____
_____
_____
_____
_____
_____
_____
_____

Для заметок

_____

_____

_____

_____

_____

_____

_____

_____

_____

_____

_____

_____

_____

_____

_____

_____

_____

_____

_____

_____

_____

_____

примириться с Богом

– Дар Божий
(Римлянам 6:23)

– Бог любит нас и умер, чтобы доказать это
(Иоанн 3:16)

– Он взял наши грехи на Себя
(Исайя 53:6,
2 Коринфянам 5:21)

III. Свидетельство Духа

Когда кто-нибудь становится христианином, Святой Дух Божий приходит, чтобы обитать в нем (Римлянам 8:9)

1) Он преображает нас изнутри

♦ Наш характер (Галатам 5:22-23)

♦ **Наши взаимоотношения**

Какие из перемен вы уже пережили в своей жизни?

- – новую любовь к Богу

- – желание читать Библию

- – чувство прощения

- – новую заботу о других

- – наслаждение от поклонения Богу

- – желание встречаться с другими христианами

2) Он приносит глубокое личное убеждение, что я есть дитя Божье

(Римлянам 8:15-16)

Рекомендуемая литература

«Беги, малыш, беги»
Н. Круз

«Крест и нож»
Д. Вилкерсон

«Рожденный свыше»
Ч. Колсон

«Убежище»
Кори Тен Бум

Для заметок

Для заметок

_____
_____
_____
_____
_____
_____

«...самое важное?
... ну ... Футбол?»

_____
_____
_____
_____
_____
_____
_____
_____
_____
_____

Тема 4.
Как и зачем мне молиться?

I. Что такое христианская молитва?

(Матфей 6:5-13)
Самая важная деятельность в нашей жизни (Ефесянам 2:18)

Вовлечена вся Троица

1) Отцу (Матфей 6)

   «.. помолись Отцу твоему» (стих 6)

   «... сущий на небесах.» (стих 9)

2) Через Сына (Ефесянам 2:18)

3) В Духе (Римлянам 8:26)

II. Зачем молиться?

1) Пример Иисуса (Марк 1:35) (Лука 6:12, 9:18,28; 11:1) *«Когда ты молишься»*

2) Чтобы развить отношения с Богом

3) Молитва вознаграждается (Матфей 6:6)

Радость (Иоанн 16:24)

Мир (Филиппийцам 4:6-7)

4) Результаты молитвы
(Матфей 7:7-11)

III. Всегда ли Бог отвечает на молитву?

(Матфей 7:7-11)

но:

а) Неисповеданный грех
(Исайя 59:2)

б) Непрощение
(Матфей 6:14-15)

в) Непослушание
(1 Иоанна 3:21-22)

г) Неправильные мотивы
(Иаков 4:2-3)

д) Неправильное представление о воле Божьей
(Матфей 7:11)

да / нет / подожди

Если ответ отрицательный, то:

«... или это не хорошо само по себе, или не хорошо для нас или для других, прямо или косвенно, непосредственно или в конечном итоге»

Джон Стотт

Для заметок

_____
_____
_____
_____
_____
_____
_____
_____
_____
_____
_____

Боже! сделай так что бы Наташа в меня влюбилась.

_____
_____
_____
_____
_____
_____
_____
_____
_____

Для заметок	IV. Как нам молиться?

Для заметок

_____
_____
_____
_____
_____
_____
_____
_____
_____
_____
_____
_____
_____
_____
_____
_____
_____
_____
_____
_____
_____
_____
_____

IV. Как нам молиться?

Пример молитвы Господней (Матфей 6:9-13)

- ♦ *«Отец наш, сущий на небесах»* (стих 9)

- ♦ *«Да святится имя Твое»* (стих 9)

- ♦ *«Да приидет Царствие Твое»* (стих 10)

  - Божье правление и господство в жизнях людей

  - возвращение Иисуса

  - явление Божьего Царства сейчас

- ♦ *«Да будет воля Твоя»* (стих 10)

- *«Хлеб наш насущный дай нам на сей день»* (стих 11)

«Это включает все необходимое для сохранения жизни, такое, как пища, здоровое тело, хорошая погода, дом, семья, супруга, дети, хорошее правительство и мир»
Мартин Лютер

- *«И прости нам долги наши, как и мы прощаем должникам нашим»* (стих 12)

- *«И не введи нас в искушение, но избавь нас от лукавого»* (стих 13)

V. Когда нам молиться?

1) Всегда (1 Фессалоникийцам 5:17) (Ефесянам 6:18)

2) Одним (Матфей 6:6)

   Регулярно

   В лучшую часть дня (Марк 1:35)

3) Вместе с другими (Матфей 18:19)

Для заметок

_____
_____
_____
_____
_____
_____
_____
_____
_____
_____
_____
_____
_____
_____
_____
_____
_____
_____

«... и самое последнее Господь...»

Для заметок

_____
_____
_____
_____
_____
_____
_____
_____
_____
_____
_____
_____
_____
_____
_____
_____
_____
_____
_____
_____
_____
_____
_____

Рекомендуемая литература

«Что удивительного в благодати?»
Ф. Янси

«Слишком заняты, чтобы не молиться»
Б. Хайбелс

«Убежище»
Кори Тен Бум.

Тема 5.
Зачем и как мне следует читать Библию?

Вступление

Самая популярная книга
Самая влиятельная книга
Самая драгоценная книга
(Матфей 4:4)

I. Бог сказал — откровение

Вдохновлена Богом
Трудные места в Библии

♦ Исторические трудности
(Лука 3:1-2)

♦ Морально-нравственные
трудности
(вопрос страдания)

Для заметок

_____

_____

_____

_____

_____

_____

_____

_____

_____

_____

_____

_____

_____

_____

_____

_____

_____

_____

_____

_____

_____

_____

_____

_____

_____

(2 Тимофею 3:15-17)

«Теонеустос» — Божье дыхание Писания — это наш авторитет для:

♦ Научения

♦ Исправления

♦ Обличения

♦ Наставления в праведности

т.е. это наше руководство в жизни

II. Бог говорит — образуются взаимоотношения

«Спасение через веру во Христа»

(2 Тимофею 3:15, Иоанн 5:39-40)

1) Для тех, которые не являются христианами

   (Римлянам 10:17, Иоанн 20:31)

2) Для христиан

   - Становиться подобными Иисусу (2 Коринфянам 3:18)

   - Радость и мир посреди бури (Псалом 22:5)

- Водительство
  (Псалом 118:105)

- Здоровье / исцеление
  (Притчи 4:20-22)

- Защита против духовных
  атак
  (Матфей 4:1-11)

- Сила (Евреям 4:12)

- Очищение (Иоанн 15:3)

III. Как мы можем услышать то, что Бог говорит через Библию?

1) Время
   - Планировать заранее
   - Читать регулярно
2) Место
   - «Пустынное» (Марк 1:35)
3) Метод
   а) Просить Бога говорить

   б) Прочитать отрывок
   (старайтесь делать
   заметки при чтении
   Библии)

Для заметок

_____
_____
_____
_____
_____
_____
_____
_____
_____
_____
_____
_____
_____
_____
_____
_____
_____
_____
_____
_____
_____
_____
_____
_____
_____
_____

Для заметок

_____
_____
_____
_____
_____
_____
_____
_____
_____
_____
_____
_____
_____
_____
_____
_____
_____
_____
_____
_____
_____
_____
_____
_____
_____
_____

в) Спросите себя:
- о чем здесь говорится?

- что это означает?
- как это применять к себе, к ситуации?

г) отвечайте в молитве

д) применяйте это на практике «всякого, кто слушает слова Мои сии и исполняет их ...» (Матфей 7:24)

Заключение
(Псалом 1:1-3)
♦ Приносите плоды
♦ Долготерпение
♦ Процветание (не обязательно материальное)

Рекомендуемая литература
«Библия, которую читал Иисус»
Ф. Янси

Тема 6.
Как Бог ведет нас?

Вступление

Решения, такие как: брак, работа, дом , квартира, деньги , даяние , отдых, использование времени, собственность и т.д.

1) Бог обещает направлять
   (Псалом 31:8)
   (Иоанн 10:3-4, 27)

2) У Бога есть хороший план
   для нашей жизни
   (Иеремия 29:11)
   (Римлянам 12:2)
   (Иоанн 10:10,15)

3) Нам нужно советоваться с
   Богом до принятия крупных
   решений
   (Исайя 30:1-2)

Иисус является превосходным
примером
(Лука 4:1)
(Иоанн 5:19)

4) Нашему
   отношению
   нужно быть
   отношением
   смирения
   перед
   Господом
   (Псалом
   24:9,14)

_____
_____
_____
_____
_____
_____
_____
_____
_____
_____
_____
_____
_____
_____
_____
_____
_____
_____
_____
_____
_____
_____
_____

«Се, раба Господня; да будет мне по слову Твоему» (Лука 1:38)

I. Через Писание

1) Общая воля
   (2 Тимофею 3:16)
   Общее направление: брак, работа, деньги, дети, пожилые родственники

2) Особая воля
   (Псалом 118:105,130-133)
   Для нас ее может осветить особый стих Писания

II. Руководство Святого Духа

Деяния 20:22

«Они знают Его голос» (Иоанн 10:3-4) (Деяния 16:7)

1) Бог говорит, когда мы молимся (Деяния 13:1-3)

   ♦ Добрые мысли

   ♦ Сильное впечатление

   ♦ Чувства

2) Сильное желание что-то делать: «Бог производит в вас и хотение и действие по Своему благоволению» (Филиппийцам 2:13)

3) Иногда Он направляет нас более необычными способами

- ♦ Пророчество Агава
  (Деяния 11:27-28;
  21:10-11)

- ♦ Сны (Матфей 1:20)

- ♦ Видения (Деяния 16:10)

- ♦ Ангелы
  (Бытие 18)
  (Матфей 2:19)
  (Деяния 12:7)

- ♦ Слышимый голос
  (1 Царств 3:4-14)

Необходимо проверять
(1 Иоанна 4:1)

- побуждает ли это к
  любви (1 Иоанна 4:16)

- укрепляет, ободряет и
  утешает ли это слово
  (1 Коринфянам 14:3)

- несет ли это Божий мир
  (Колоссянам 3:15)

III. Здравый смысл

*«Не будьте, как конь, как
лошак несмысленный,
которых челюсти нужно
обуздывать уздою и удилами»*

(Псалом 31:8,9)

*«Разумей, что я говорю. Да
даст тебе Господь разумение
во всем.»*

(2 Тимофею 2:7)

Для заметок

_____
_____
_____
_____
_____
_____
_____
_____
_____
_____
_____
_____
_____
_____
_____
_____
_____
_____
_____
_____
_____
_____
_____
_____

Для заметок

_____
_____
_____
_____
_____
_____
_____
_____
_____
_____
_____
_____
_____
_____
_____
_____
_____
_____
_____
_____
_____
_____
_____

«Божьи обетования водительства не даны нам, чтобы избавить нас от проблемы думать»

(Джон Стотт)

Примеры: брак, работа, карьера
(1 Коринфянам 7:17-24)

IV. Совет святых

«Кто слушает совета, тот мудр» (Притчи 12:15)

«Без совета предприятия расстроятся, а при множестве советников они состоятся» (Притчи 15:22)

«Предприятия получают твердость через совещание» (Притчи 20:18)

НО:

♦ Кто ответственен?

♦ С кем нам следует советоваться?

V. Знамения через обстоятельства

«Сердце человека обдумывает путь свой, но Господь управляет шествием его» (Притчи 16:9)

Иногда Бог закрывает двери (Деяния 16:7)

Иногда Бог открывает двери (1 Коринфянам 16:9)

Наблюдайте обстоятельства, но не придавайте им слишком большой важности

Иногда нам нужно быть долготерпеливыми вопреки всем обстоятельствам

Заключение

1) Не спешите

2) Мы все ошибаемся — но Бог прощает
(Иоиль 2:25) (Римлянам 8:28)

Для заметок

_____

_____

_____

_____

«Итак Авраам долготерпев получил обещанное»
(Евреям 6:15)

_____

_____

_____

_____

_____

_____

_____

_____
_____
_____
_____
_____
_____
_____
_____
_____
_____
_____
_____
_____
_____
_____
_____
_____
_____

Тема уикэнда 1.
Кто такой Святой Дух?

Вступление

В Церкви в течение долгого времени было неправильное представление о личности и действии Святого Духа. Святой Дух:

игнорировался

- большая концентрация на Отце и Сыне

- был неправильно понят
  — «Святой Дух»
  — «Он»,
  а не «оно» встречал сопротивление

- но теперь Он хочет взять руководство на Себя

I. Он участвовал в творении

- из хаоса — порядок

(Бытие 1:1,2)
- дал жизнь человеку
(Бытие 2:7)

II. Он сходил на определенных людей в определенное время для особых задач, например:

- Веселиил — для художественной работы (Исход 31:1-5)

- Гедеон — для руководства (Книга Судей 6:14-16,34)

- Самсон — для силы (Книга Судей 15:14-15)

- Исайя — для пророчества (Исайя 61:1-3)

III. Он был обещан Отцом

Обетование «нового»

- *«Все будут знать Меня»* (Иеремия 31:31-34)

- *«Вложу внутрь вас дух Мой»* (Иезекииль 36:26-27)

  Из-под порога храма течет река (Иезекииль 47:1)

- *«Излию от Духа Моего на всякую плоть»* (Иоиль 2:28-29)

Для заметок

_____
_____
_____
_____
_____
_____
_____
_____
_____
_____
_____
_____
_____
_____
_____
_____

Для заметок

_____

_____

_____

_____

_____

_____

_____

_____

_____

_____

_____

_____

_____

_____

_____

_____

_____

_____

_____

_____

_____

_____

Но пророчества оставались невыполненными, по крайней мере, в течение 300 лет.

С приходом Иисуса мы видим усиливающееся действие Духа

Иоанн Креститель	(Лука 1:14-15)
Мария	(Лука 1:35)
Елизавета	(Лука 1:41)
Захария	(Лука 1:67)
Симеон	(Лука 2:25-27)

Святого, но все еще для особых людей

IV. Иоанн Креститель связывает с Ним Иисуса

(Лука 3:16)

В греческом «баптизо» — заливать, погружать, окунать, промачивать насквозь.

Иисус — человек, исполненный Духом

Иисус получил силу через помазание Святого Духа во время Своего крещения (Лука 3:22) (Лука 4:1,14,18)

V. Иисус предсказывает пришествие Духа

(Иоанн 7:37-39)

Он приказывает им ждать в городе, пока они не облекутся силою свыше
(Лука 24:49;
Деяния 1:4,5,8; 2:2-4)

В день пятидесятницы ученики исполнились Духом и получили:

- новые языки
  (Деяния 2:4-12)

- новую смелость
  (Деяния 2:14)

- новую силу
  (Деяния 2:37-41)

Заключение

Мы живем в эпоху Духа. Бог обещал дать Свой Дух каждому христианину (Деяния 2:37-39)

Рекомендуемая литература

«Преследуя дракона»
Джеки Пулинжер

Для заметок

_____
_____
_____
_____
_____
_____
_____
_____

«Слыша это, они умилились сердцем и сказали Петру и прочим Апостолам: что нам делать, мужи братия?

... и присоединилось в тот день душ около трех тысяч».

(Деяния 2:37,41)

_____
_____
_____
_____
_____
_____
_____

Тема уикэнда 2.
Что делает Святой Дух?

Вступление

Новое рождение
(Иоанн 3:3-8)

Рожден в семью

I. Сыновья и дочери Бога

1) Прощение (Римлянам 8:1-2)

2) Усыновление
(Римлянам 8:14-16)

- ♦ Величайшая привилегия
  (стих 14)

- ♦ Теснейшая близость
  (стих 15)

- ♦ Глубочайшее
  переживание (стих 16)

- ♦ Надежда (стих 17)

II. Развитие отношений

(Ефесянам 2:18)

1) Он помогает нам молиться
   (Римлянам 8:26)

2) Он делает нас способными понимать Божье Слово (Ефесянам 1:17-18)

III. Семейное сходство

Галатам 5:22-23
2 Коринфянам 3:17-18

IV. Единство в семье

Ефесянам 4:3-6

V. Дары для всех детей

Каждый член семьи различен (1 Коринфянам 12:1-11)

♦ Бесплатные дары

♦ Для каждого

♦ Для общего блага

Для заметок

_____
_____
_____
_____
_____
_____
_____
_____
_____
_____
_____
_____
_____
_____
_____
_____
_____
_____
_____
_____
_____
_____
_____
_____
_____
_____
_____

Для заметок

_____
_____
_____
_____
_____
_____
_____
_____
_____
_____
_____
_____
_____
_____
_____
_____
_____
_____
_____
_____
_____
_____
_____
_____
_____
_____

VI. Растущая семья

♦ Он уполномочивает нас свидетельствовать о Христе

♦ Сила для служения (Деяния 1:8)

Заключение

Каждый христианин имеет Духа Святого (Римлянам 8:9), но не каждый христианин исполнен Духом

«Исполняйтесь» (Ефесянам 5:18-20)

Как? (Откровение 22:17)

Рекомендуемая литература

«Знать Бога» Д. Паркер

«Когда жизнь в Его руках» сборник М. Элсон–Дью

Тема уикэнда 3.

Как я могу быть исполнен Духом Святым?

Вступление

5 категорий людей

1) Жаждущие
   (День пятидесятницы
   Деяния 2:2–4)

2) Открытые, чтобы
   принять
   (Самария – Деяния 8:14-
   23)

3) Враждебно настроенные
   (Павел –
   Деяния 8:1,3; 9:1-2)

4) Не знающие
   (Ефес – Деяния 19:1-6)

5) Язычники
   (Деяния 10:44-47)

Что случилось с Корнилием
и его домочадцами, когда Дух
Святой сошел на них?
(Деяния 10:44–46)

I. Они испытали силу Духа Святого

*«...Дух Святый сошел на всех,
слушавших слово. И верующие
из обрезанных... изумились»*
(Деяния 10:44-45)

_____
_____
_____
_____
_____
_____
_____
_____
_____
_____
_____
_____
_____
_____
_____
_____
_____
_____
_____
_____
_____
_____
_____
_____
_____
_____
_____

У каждого свои переживания

(Деяния 8:16)
(Ефесянам 3:17-20)
(Римлянам 5:5)

Плод Духа

II. Они восхваляли Бога

«Ибо слышали их ... величающих Бога»
(Деяния 10:46)

- ♦ Страх проявить свои эмоции
- ♦ Все взаимоотношения строятся на чувствах
- ♦ Наедине или публичные проявления
- ♦ Эмоции или чрезмерная эмоциональность

III. Они получили новый язык

«Ибо слышали их говорящих языками»
(Деяния 10:46)

1) Не все христиане говорят на языках

- ♦ Не обязательно знак наполненности Духом
- ♦ Нет христиан первого или второго сорта

- ♦ Это не самый важный дар

2) Что такое дар языков?

- ♦ Человеческий или ангельский язык (1 Коринфянам 13:1)
- ♦ Форма молитвы (1 Коринфянам 14:4)
- ♦ Назидание для себя
- ♦ Преодоление языкового барьера (1 Коринфянам 14:14)
- ♦ Говорящий полностью управляет собой

3) Почему он полезен?

- ♦ Хвала / прославление
- ♦ Молитва за себя
- ♦ Ходатайство

4) Одобряет ли Новый Завет?

- ♦ (1 Коринфянам 14)
- ♦ Контекст: не следует чрезмерно употреблять на людях
- ♦ Однако... (стихи 39, 5, 18)
- ♦ В собрании языки должны быть истолкованы

5) Как мы получаем этот дар?

- ♦ *«Ревнуйте»* (1 Коринфянам 14:1)

Для заметок

_____
_____
_____
_____
_____
_____
_____
_____
_____
_____
_____
_____
_____
_____
_____
_____
_____
_____
_____
_____
_____
_____
_____
_____
_____
_____

Для заметок

- ♦ Просить Бога
- ♦ Сотрудничать с Духом
- ♦ Верить
- ♦ Упорно продолжать

Заключение

Каковы распространенные препятствия исполнению Духом?

(Лука 11:9-13)

3 барьера

- ♦ Сомнение (стихи 9-10)
- ♦ Страх (стихи 11-13)
- ♦ Несоответствие (стих 13)

Рекомендуемая литература

«Павел, Дух и народ Божий» Гордон Фи

«Тайна Пятидесятницы» О. Раниеро Канталамесса

Тема 7.
Как я могу противостоять злу?

Вступление

(Римлянам 12:21)

Реальность духовной битвы
дьявол – падший ангел
(Исайя 14; Лука 10:17-20)

Ветхий Завет:
(Иов 1;
1 Паралипоменон 21:1)

Новый Завет:
Личностное духовное
существо, которое находится
в активном бунте против Бога,
и руководит многими бесами,
такими же как он сам

(Ефесянам 6:11-12)

Нельзя недооценивать

♦ Коварный

♦ Злой

♦ Могущественный

I. Почему нам следует верить в дьявола

1) Библейское подтверждение
   (Писание)

<table>
<tr>
<td>

Для заметок

_____
_____
_____
_____
_____
_____
_____
_____
_____
_____
_____
_____
_____
_____
_____
_____
_____
_____
_____
_____
_____
_____
_____
_____
_____

</td>
<td>

♦ Ветхий завет

♦ Иисус

♦ Петр (1 Петра 5:8-11)

♦ Павел (Ефесянам 6:11-12)

2) Христиане на протяжении

веков (традиция)

♦ Отцы церкви

♦ Реформаторы

♦ Обычные христиане

3) Здравый смысл (разум)

Ошибочные взгляды

♦ Нездоровый интерес
   (Второзаконие 18:10-15)

♦ Неверие

</td>
</tr>
</table>

II. Какова тактика дьявола

(Бытие 3)

1) Цель: разрушить

(Иоанн 10:10)

2) Ослепить людей
   (2 Коринфянам 4:4)

3) Вызвать сомнение
   (Бытие 3) (Матфей 4:3,6)

4) Искусить (Бытие 2:16-17)

Последствия непослушания
(Бытие 3)

- ♦ Стыд / замешательство
  (стих 7)

- ♦ Дружба с Богом
  разрушена
  - «они скрылись» (стих 8)
  - «убоялись» (стих 10)

- ♦ Они обвиняли друг друга
  (стих 11-12)

5) Обвинить

- ♦ Обвинить Бога
  перед людьми

- ♦ Обвинить христиан
  перед Богом (Откровение
  12:10)

Для заметок

Владение тьмы	Царство Света
Дьявол	Иисус
Грех	Прощение
Рабство греху	Свобода во Христе
Смерть	Жизнь
Разрушение	Спасение

Для заметок

_____

_____

_____

_____

_____

_____

_____

_____

_____

_____

_____

_____

_____

_____

III. Какова наша позиция?

Колоссянам 1:13

Дьявол поражен на кресте (Колоссянам 2:15)

Ученикам Иисуса дана власть над бесами (Лука 10:17-20)

IV. Как нам защищаться?
(Ефесянам 6)

«Облекитесь во всеоружие Божие, чтобы вам можно было стать против козней дьявольских»
(Ефесянам 6:11)

1) Сфокусируйте внимание на Иисусе – пояс истины (стих 13-14)

♦ Утверждение в христианском учении / истине, чтобы противостоять лжи дьявола (Иоанн 8:32)

2) Храните правильные взаимоотношения – броня праведности (стих 14)

праведность Христа, данная нам

(Филиппийцам 3:9)

чтобы сохранять наше сердце от вины и осуждения

3) Участвуйте в служении
– обувь благовестия мира
(стих 15)

готовность говорить о Христе (Исайя 52:7-10)

4) Продолжайте доверять Богу и в трудные времена – щит веры (стих 16)

противоположность цинизму и скептицизму

5) Одержите победу в битве за разум
- шлем спасения (стих 17)

прошлое, настоящее, будущее (защитить разум от сомнения и обвинения)

6) Знайте хорошо Библию
– меч Духа(стих 17)

Слово Божие – единственная атакующая часть вооружения (Евреям 4:12)

V. Как нам атаковать

«Весь мир лежит во зле»
(1 Иоанна 5:19)

Для заметок

Для заметок

_____
_____
_____
_____
_____
_____
_____
_____
_____
_____
_____
_____
_____
_____
_____
_____
_____
_____
_____
_____
_____
_____
_____

Царство Божие продвигается через:

1) Молитву
(Ефесянам 6:18)

«Оружия воинствования нашего не плотские, но сильные Богом на разрушение твердынь»
(2 Коринфянам 10:4)

2) Действие (Лука 7:22)

♦ Проповедь Евангелия

♦ Изгнание бесов

♦ Исцеление больных и т.д.

Рекомендуемая литература

«Письма Баламута»
К. Льюис

Тема 8.
Нужно ли говорить людям о своей вере и как это делать?

Вступление

♦ Великое поручение
  (Матфей 28:16 - 20)

♦ Нужды других

♦ Евангелия – благая весть
  (о Иисусе)

Две опасности:

♦ Нетактичность

♦ Страх

Ключ – хорошие
взаимоотношения с людьми
при сотрудничестве с Духом
Святым

Для заметок

_____
_____
_____
_____
_____
_____
_____
_____
_____
_____
_____
_____
_____
_____
_____
_____
_____
_____
_____
_____
_____
_____
_____
_____
_____
_____
_____
_____
_____
_____
_____
_____
_____

Для заметок

_____

_____

_____

_____

_____

_____

_____

_____

_____

_____

_____

_____

_____

_____

_____

_____

_____

_____

_____

_____

_____

_____

_____

_____

I. Присутствие

(Матфей 5:13-16)

Мы призваны быть солью и светом (стихи 13-14)

Когда люди узнают, что мы христиане, они наблюдают за нашей жизнью (стих 16) (например, супруги)

> *«... чтобы те из них, которые не покоряются слову, житием жен своих без слова приобретаемы были, когда увидят ваше чистое, богобоязненное житие»*
> (1 Петра 3:1-2)

II. Убеждение

«Зная страх Господень мы вразумляем людей»
(2 Коринфянам 5:11)

(Деяния 17:2-4)

Проработайте ответы на обычные вопросы, например:

«А другие религии?»
«Как может Бог любви позволять страдать?»

III. Провозглашение

(Иоанн 1:40-42)

1) *«Пойдите и увидите»*
   Не все мы призваны
   быть «евангелистами», но
   мы все призваны быть
   «свидетелями» (стих 41)

2) Расскажите свое
   свидетельство
   (см. «Подготовка вашего
   свидетельства»)

IV. Сила

Божья сила действует в нашей
жизни

(1 Коринфянам 2:1–5)

♦ Чудо возбуждает
  огромный интерес!

V. Молитва

- За них — открылись
  ослепленные глаза (умы)
  (2 Коринфянам 4:4)

Для заметок

- За самих себя — чтобы иметь смелость

(Деяния 4:29-31)

Заключение
Не сдавайтесь (Марк 4:15–20)

Рекомендуемая литература

«Сложные вопросы »
Н. Гамбл

«Неоспоримые свидетельства»
Дж. МакДауэл

Приложение:
Подготовка вашего свидетельства

Предложения:

а) Делайте его коротким, стремитесь к 3 минутам — люди отключают свое внимание, если вы затягиваете со свидетельством

б) Делайте его личным — не проповедуйте. Используйте «я»,»мы»,а не «вы»

в) Держите в центре Христа — им нужно следовать за Ним, а не за вами!

г) Построение

♦ Немного о вашей прошлой жизни

♦ Как вы пришли к вашим взаимоотношениям со Христом

Для заметок

_____
_____
_____
_____
_____
_____
_____
_____
_____
_____
_____
_____
_____
_____
_____
_____
_____
_____
_____
_____
_____
_____
_____
_____
_____
_____
_____

Для заметок

_____
_____
_____
_____
_____
_____
_____
_____
_____
_____
_____
_____
_____
_____
_____
_____
_____
_____
_____
_____
_____
_____
_____

♦ Что-то о том, какое это имело значение с тех пор

д) запишите его полностью — легче видеть полную картину, когда она на бумаге!

Господь Иисус Христос,

Я сожалею о том, что я сделал недоброго в моей жизни.

(Остановитесь на какое-то время и попросите прощения за то, что особенно гнетет вашу совесть).

Пожалуйста, прости меня. Я сейчас отказываюсь от всего, что, как я понимаю, было сделано неправильно.

Спасибо Тебе, что Ты умер на кресте за меня, чтобы я был прощен и свободен.

Благодарю Тебя, что Ты сейчас предлагаешь мне этот дар прощения и Твой Дух. Я сейчас принимаю этот дар.

Пожалуйста, войди в мою жизнь Твоим Святым Духом, чтобы быть со мной навсегда.

Благодарю Тебя, Господь Иисус. Аминь.

Тема 9.
Исцеляет ли Бог сегодня?

Вступление

Представление исцеления для данной церкви

Наш собственный опыт

I. Исцеления в Библии

1) Ветхий завет

- ♦ Обетование Бога
  (Исход 23:25-26)
  (Псалом 40:4)

- ♦ Характер Бога
  «Я Господь, Целитель твой» (Исход 15:26)

- ♦ Примеры Божьего исцеления
  (4 Царств 5)
  (Исайя 38,39)

2) Служение Иисуса

- ♦ Его учение
  Царствие Божие
  (Марка 1:15)
  Провозглашенное и наглядно показанное

Для заметок

_____
_____
_____
_____
_____
_____
_____
_____
_____
_____
_____
_____
_____
_____
_____
_____
_____
_____
_____
_____
_____
_____
_____
_____
_____
_____
_____
_____

Для заметок

Схема 1

Настоящий век	Грядущий век

Схема 2

Век грядущий реализован в принципе — Грядущий век

Первое пришествие Христа — Время, в котором мы сейчас живем — Второе пришествие Христа

Настоящий век

_____

_____

_____

_____

_____

_____

_____

- ◆ Его исцеления 25% Евангелий (Матфей 4:23)

- ◆ Его поручения

  - Поручение для 12 учеников (Матфей 9:35-10:8 ; Лука 9:1)

  - поручение для 70 учеников (Лука 10:1-20)

  - поручение ученикам (Матфей 28:16-20) (Марк 16:15-20) (Иоанн 14:9-14, особенно стих 12)

II. Исцеления в истории церкви

Первоапостольская церковь Много примеров исцелений и чудес (Деяния 3:1-10; 5:12-16)

История Церкви первых веков:

Ириней (140-203)
Ориген (185-254)
Августин (354-430)

III. Исцеление сегодня

1) Простота

2) Любовь

(Марк 1:41; Матфей 9:36)

3) Слово знания

- мысленные картинки (видения)

- боль сопереживания

- ощущения

- слышать или видеть слова

- слова, как бы сами формируются на языке

4) Молитва

- где болит?

- почему человек находится в таком состоянии?

- как мне молиться?

- как он сейчас?

- что следующее?

Заключение

Упорно продолжайте

Рекомендуемая литература

«Исцеляющая сила»
Дж.Вимбер

Тема 10. Что такое Церковь?

Вступление

Распространенное неправильное понимание:

♦ Церковь – службы

♦ Церковь – священники

♦ Церковь – определенная деноминация

♦ Церковь – здание

Что такое Церковь?

I. Народ Божий
(1 Петра 2:9-10)

Греческое слово *«екклесия»* — собрание людей

Церковь / Царство

Крещение — это видимый знак вхождения в церковь

Крещение означает:

♦ Очищение от греха (1 Коринфянам 6:11)

♦ Соучастие в смерти и воскресении Христа (Римлянам 6:3-5) (Колоссянам 2:12)

♦ Печать Духа

(1 Коринфянам 12:13)

1) Вселенская Церковь
(Ефесянам 3:10,21; 5:23,25)

1.900 миллионов христиан в мире сегодня

♦ Преследуемая церковь

♦ Страны третьего мира

♦ Свободные страны

2) Поместные Церкви

«Галатийские церкви»
(1 Коринфянам 16:1)

«Церкви в Асии»
(1 Коринфянам 16:19)

«Все церкви Христа»
(Римлянам 16:16)

♦ Домашняя группа
  (ячейка)

  - малая группа
  (4 –12 человек)

  - близкие друзья

  - основные мысли

  - доверительность

  - близость

  - подотчетность
  (1 Иоанна 4:19)

♦ Община

  - достаточно маленькая, чтобы знать друг друга
  (15 – 20 человек)

Для заметок

«о... холодно»

_____
_____
_____
_____
_____
_____
_____
_____
_____
_____

Для заметок

_____

_____

_____

_____

_____

_____

_____

_____

_____

- служить друг другу (Ефесянам 4:12)

- упражнять дары Духа (1 Коринфянам 12:7-11)

- открытая группа

♦ Служения празднования

- праздничные случаи (Пасха, Пятидесятница, Новый Год)

- чувство величия Божьего

- слабость: найти друзей

Лесли Ньюбигин
Церковь – это историческая реальность, начавшаяся с Божьего призвания Авраама, продолженная в служении пророков и апостолов во все века вплоть до нынешнего дня. И популярна церковь в данный момент или нет, большая она или маленькая, в какой–то мере это не так существенно. Сам факт существования этой великой скалы, этой «наковальни», о которую разбилось столько молотов, этой данной реальности, должен быть в центре нашего сознания как христиан.

_____

_____

_____

_____

_____

_____

_____

II. Семья Божья
(Ефесянам 2:14-18)

♦ Братья и сестры друг другу (1 Иоанна 4:19 – 5:1)

♦ Бог как наш Отец (Иоанн 1:12)

- ◆ Важность единства
- ◆ Иисус молился «*... чтобы они были едины*» (Иоанн 17:11)
- ◆ «*Стараясь сохранять единство Духа*» (Ефесянам 4:3)

«Если бы мы соблюдали единство в существенном, свободу в несущественном, любовь во всем, то наши дела определенно были бы в наилучшем возможном положении».
Руперт Малдениус

- ◆ Верность (Галатам 6:10)
- ◆ Прощение (Матфей 18:15, 35; 5:23-24)
- ◆ Общение (Деяния 2:42-47)

  - общение с Богом — Отцом, Сыном и Святым Духом (1 Иоанна 1:3) (2 Коринфянам 13:14)

  - и друг с другом (1 Иоанна 1:7) (Евреям 10:24-25)

III. Тело Христово
(1 Коринфянам 12:1-27)

«Савл, Савл, что ты гонишь Меня?» (Деяния 9:4)

_____
_____
_____
_____
_____
_____
_____
_____
_____
_____
_____
_____
_____
_____
_____
_____
_____
_____
_____
_____
_____
_____
_____
_____
_____
_____
_____

Для заметок

_____

_____

_____

_____

_____

_____

_____

_____

_____

_____

- ◆ Единство
(Ефесянам 4:3-6)
«единство Духа»

- ◆ Разнообразие
(стихи 7-11) «каждому
из нас была дана
благодать»

- ◆ взаимозависимость
(стихи 14-26) «возрастая
в любви, по мере того,
как каждая часть
производит свое
действие»

IV. Святой Храм
(Ефесянам 2:19-22)

- ◆ Построенный на
основании апостолов
и пророков (стих 20)
Новый Завет

- ◆ Иисус как краеугольный
Камень (стих 20)

- ◆ Где постоянно пребывает
Божий Дух (стих 22)

«святой Храм»

V. Невеста Христова
(Ефесянам 5:23-27,32)

- ◆ Христова любовь к Своей
Церкви (стих 25)

- ◆ Назначение Христа для

Его Церкви (стих 27)

(Откровение 21:2)

♦ Наш ответ (1 Петра 2:9)

 - святость

 - поклонение

 - свидетельство

Рекомендуемая литература

«Жизнь, прожитая не зря»
Н. Гамбл

«Много шума из-за церкви»
Ф.Янси

Для заметок

_____
_____
_____
_____
_____
_____
_____
_____
_____
_____
_____
_____
_____
_____
_____
_____
_____
_____
_____
_____
_____
_____
_____
_____
_____
_____
_____

Для заметок

Тема уикэнда 4. Как мне жить дальше?

Римлянам 12:1-21

I. Что мы должны делать?

1) Разрушить связь с прошлым

«Не сообразуйтесь с веком сим» (стих 2)

«Не позволяйте окружающему миру втиснуть вас в свои рамки» (Дж. Филипс)

2) Начните все сначала

«Преобразуйтесь обновлением ума вашего»

- искренняя любовь (стих 9)

- ревность к Господу (стих 11)

- гармоничные отношения (стихи 9-21)

II. Как мы это делаем?

♦ *«Предоставьте тела ваши...»*

Акт воли

- уши

- глаза

- уста
- руки
- сексуальность
- время
- стремления
(Матфей 6:33)
- деньги

♦ «... в жертву живую»
Вам придется жертвовать
собой, что, возможно,
включает и страдание.

III. Почему мы должны это делать?

♦ Потому, что Бог имеет
Свой план для нашей
жизни
*«Воля Божия, благая,
угодная и совершенная»*

♦ Потому, что Бог
совершил все
*«Зная милосердие
Божие...»*

Рекомендуемая литература

*«Нагорная проповедь: можно
ли так жить?»*
Н. Гамбл

Для заметок

_____
_____
_____
_____
_____
_____
_____
_____
_____
_____
_____
_____
_____
_____
_____
_____

спасибо.

Альфа материалы

Никки Гамбл

«Альфа. Вопросы жизни» – это увлекательная, захватывающая и полная юмора книга, которая знакомит нас с самой потрясающей личностью в истории – Иисусом Христом. В книге рассмотрено 15 тем, которые логично и последовательно направляют к христианской вере. На основе этой книги проводится Альфа курс.

Никки Гамбл

«Как организовать и проводить *Альфа* курс Рассказывая другим»
Книга знакомит о основными принципами проведения «Альфа курса» и дает практические советы, которые успешно применяются множеством церквей в Англии и по всему миру. Здесь вы найдете ценные рекомендации, как излагать материал беседы, как стать успешным администратором, как вести малые группы. Эта книга необходима каждому лидеру и помощнику Альфы, хотя многие принципы, изложенные здесь, могут найти и более широкое применение.

Никки Гамбл

«Почему Иисус?» – евангелизационная брошюра. Практически это модифицированная первая глава книги *«Альфа. Вопросы жизни»*.

Никки Гамбл

«Сложные вопросы»
Сложные вопросы требуют продуманных и исчерпывающих ответов. В этой книге автор выносит на обсуждение следующие темы: «Почему Бог допускает страдания?», «Все ли религии ведут к Богу?», «Что плохого в сексуальных отношениях до брака?», «В чем заблуждение движения «Новый век»?», «Есть ли противоречие между наукой и христианством?», «Что такое Троица?»

Никки Гамбл

«Жизнь, прожитая не зря» – эта книга для тех, кто делает первые шаги по своему христианскому пути и только начинает читать Библию. Цель ее – познакомить с одним из важнейших посланий в Новом Завете – Послании к Филиппийцам. Книга предназначена для изучения как в группе, так и индивидуально.

Никки Гамбл

«Нагорная проповедь: можно ли так жить?» – После прочтения этой книги Нагорная проповедь и ее принципы предстают перед нами в новом свете. Книга предназначена в помощь Альфа курсу.

«Когда жизнь в Его руках». Сборник Марка Элсона Дью В данной книге разные люди описывают, как изменилась их жизнь, часто при самых трагических обстоятельствах. В каждом случае было очевидно вмешательство Бога: кого-то Он исцелил, кого-то изменил до неузнаваемости, другим дал силы справиться с навалившимися проблемами и трагедиями.

«Молодежный Альфа курс, руководство для лидеров молодежных групп». Книга предназначена для лидеров молодежной Альфы, как можно сделать Альфу по-новому.

«Молодежный Альфа курс. Конспект для поколения Next». Конспект предназначен для гостей Молодежного Альфа курса (рисунки сделаны в стиле аниме) в нем есть также места, чтобы сделать заметки. Эта брошюра базируется на книге Н.Гамбла «Альфа.Вопросы жизни».

«Как организовать Альфа курс.Пособие для начинающих». После посещения Альфа конференции возникает вопрос «С чего начать?». Эта брошюра поможет вам спланировать и начать Альфа курс, предлагая советы шаг за шагом.

Чтобы заказать эти материалы свяжитесь со Служением «Альфа курс»:

107564, Россия, г. Москва, ул. Краснобогатырская, 38, стр. 2
тел/факс (495) 963-35-11
alphamoscow@gmail.com
www.alphacourse.ru

Подписано в печать 10.02.2010 г.
Формат 143x210. Печать офсетная.
Гарнитура GaramondBookC
Усл. печ. лист 4,5. Тираж 5000 экз.
Заказ №   .
Отпечатано в ГУП «ИПК «Чувашия».
428019, г.Чебоксары, пр.И.Яковлева, 13

CPSIA information can be obtained
at www.ICGtesting.com
Printed in the USA
FFOW01n1547291115
18874FF

9 785904 512040